La colección Experia ha sido creada por Beniamino Sidoti
Textos: Beniamino Sidoti
Ilustraciones: Roberto Lauciello
Diseño y maquetación: Daniela Rossato
Redacción: Martina Boschi
Búsqueda iconográfica: Claudia Hendel, Elisabetta Marchetti, Beniamino Sidoti

Fotografías:
Contrasto: © RIA NOVOSTI/SPL p. 30.
Getty Images: © Time & Life Pictures p. 32.
Fotolia: © Mariusz Blach portada, pp. 3, 7, 24-25, 30-31, 48a; © Georgios Kollidas pp. 4, 9; © kids.4pictures pp. 5, 8-9; © Juulijs pp. 5, 29c, 31a; © Leo Blanchette, p. 5, 28; © Paul Lampard p. 8; © Sergij Tryapitsyn p. 19; © Caroline Ferran p. 22; © Friedberg pp. 22-23; © nathalie zanzola p. 23a; © nanyyy p. 23b; © wishfaery14 p. 26; ©funkyfrogstock pp. 27a, 41b; © EcoView p. 27c; ©Steve Byland p. 27b; © corinaldo p. 29a; © VIPDesign p. 29b; © Erica Guilane - Nanchez p. 31b; © aleciccotelli pp. 32-33; © H.D. Volz p. 34; © Stanisa Martinovic pp. 34-35, 44b; © Philippe LERIDON p. 35b; © Elena Pahl p. 35c; © Jerpics pp. 36-37; © Jenny Thompson p. 36; © morane p. 37a; © Marcito p. 37b; © antonvp1972 p. 38a; © Joggie Botma p. 38b; © Vince Lamain p. 39as; © Aleksey Reshetnikov p. 39ad; © germanskydive p. 39b; © Dmitry Vereshchagin p. 40a; © Toshiro Shimada/Flickr RF p. 40b; © Silvano Rebai p. 41a; © Elena Pahl p. 41c; © Photobank p. 42s; © nerthuz p. 42d; © SOMATUSCANI pp. 42-43; © beeny1983 p. 43cs, 48b; yayalinage p. 43cd; © Hachero p. 43b; © ianrward p. 44a; © Stanisa Martinovic p. 44b; © jk1991 p. 45a; © shoofly1 p. 45cs; © verdateo p. 45cd; © Samai Zsolt p. 45; © James Thew p. 46a; © dolphfyn p. 46b; © anekoho p. 47a.
Shutterstock: © Andrea Izzotti p. 33; © Felipe Frazao p. 47b.

El editor se declara dispuesto a regularizar los posibles honorarios de aquellas imágenes de las que no ha sido posible rastrear la fuente.

Se recomienda que los experimentos contenidos en este libro se lleven a cabo con la ayuda de un adulto.

Título original: *Costruire una mongolfiera*
© 2014 Giunti Editore S.p.A. Firenze - Milano
www.giunti.it

Dirección editorial: Juan José Ortega
Traducción: Mª Jesús Recio Villalar
© 2017 Ediciones del Laberinto, S. L., para la edición mundial en castellano.

ISBN: 978-84-8483-897-5
Depósito legal: M-3730-2017
EDICIONES DEL LABERINTO, S. L.
www.edicioneslaberinto.es
Impreso en España

Cualquier forma de reproducción, distribución, comunicación pública o transformación de esta obra solo puede ser realizada con la autorización de sus titulares, salvo excepción prevista por la ley. Diríjase a CEDRO (Centro Español de Derechos Reprográficos) si necesita fotocopiar o escanear algún fragmento de esta obra (www.conlicencia.com <http://www.conlicencia.com/>; 91 702 19 70 / 93 272 04 47).

Construir un globo aerostático

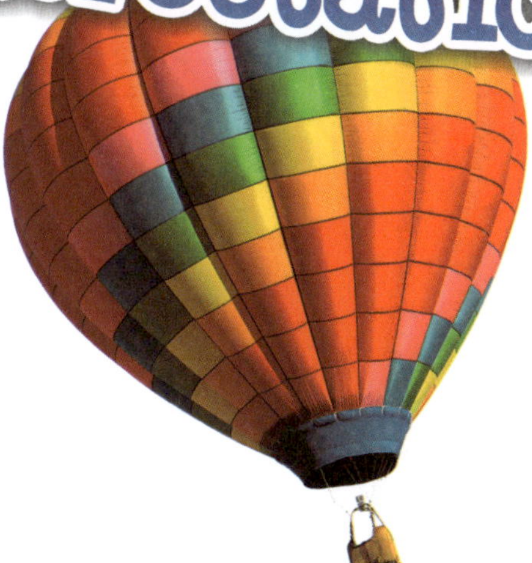

laberinto ciencia

ÍNDICE

EL GLOBO AEROSTÁTICO PASO A PASO

Para empezar...	6
¿Cómo funciona un globo?	8
1er paso: el aire caliente sube	10
2° paso: el globo	12
3er paso: la estructura	14
4° paso: el hornillo	16
5° paso: el lanzamiento	18
Cómo mejorar tu globo	20
¿Cómo están hechos los globos aerostáticos?	22

CONOCER EL VUELO

El vuelo animal	26
El ornitóptero	28
El globo aerostático	30
El dirigible	32
La suspensión aerodinámica	34
El aeroplano	36
El paracaídas	38
El helicóptero	40
Los aeropuertos	42
El mito de volar	44
Las linternas chinas	46
Para seguir descubriendo...	48

Para empezar...

En estas páginas encontrarás las instrucciones necesarias para construir un globo aerostático hecho en casa (¡recuerda que no se podrá usar para viajar!), para hacer divertidos experimentos y mucha información para entender cómo funcionan los globos y los principios de la aerodinámica. Para construir tu globo podrás servirte en gran parte de materiales que se pueden conseguir con facilidad en casa. Y como tendrás que usar herramientas cortantes como las tijeras e incluso manejar fuego, ¡recuerda pedir ayuda a un adulto! Hazte con el material indicado aquí abajo y... ¡que te diviertas!

CUANDO UTILICES OBJETOS AFILADOS O TIJERAS BUSCA SIEMPRE LA AYUDA DE UN ADULTO

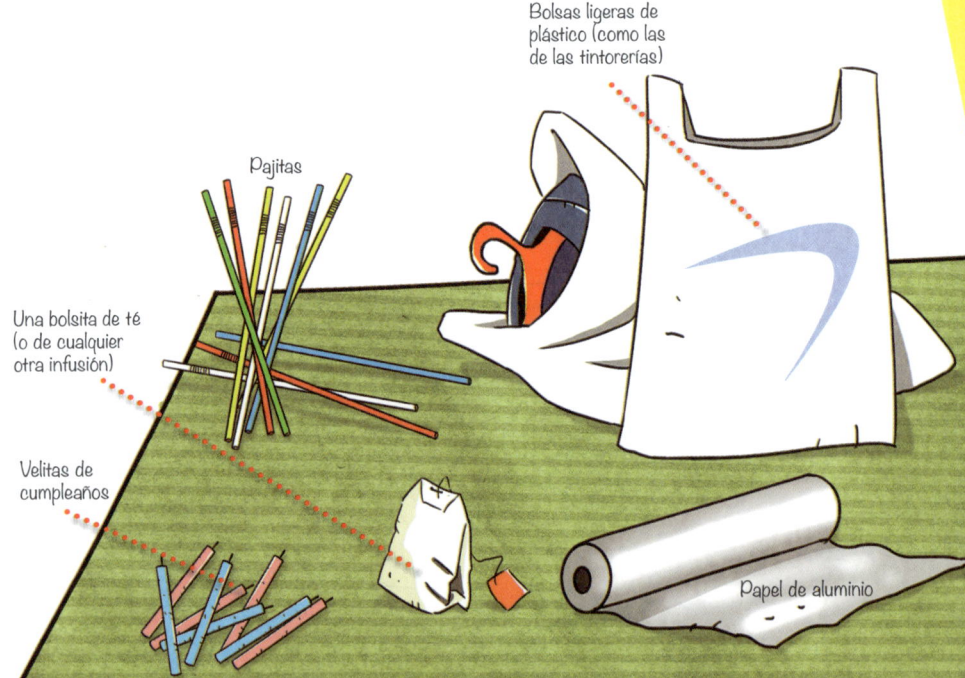

- Bolsas ligeras de plástico (como las de las tintorerías)
- Pajitas
- Una bolsita de té (o de cualquier otra infusión)
- Velitas de cumpleaños
- Papel de aluminio

EL GLOBO AEROSTÁTICO PASO A PASO

¿QUÉ ES UN GLOBO AEROSTÁTICO?

El globo fue el primer medio de transporte volador realizado por el hombre. Se trata de un balón aerostático que se basa en un sencillo principio: ya que el aire caliente es menos denso que el aire frío, y por tanto más ligero, tiende a ir hacia arriba. ¡Así que basta con recoger aire caliente en un contenedor para tener un pequeño globo aerostático!

CUANDO MANEJES FUEGO, QUE TE AYUDE SIEMPRE UN ADULTO

- Secador de pelo
- Cinta adhesiva
- Cola
- Cerillas o encendedor (¡y un adulto que los use con seguridad!)
- Un metro
- Plancha de la ropa
- Tijeras
- Un rotulador

¿Cómo funciona un globo?

¿Alguna vez has observado el comportamiento de los objetos dentro del agua? Te habrás dado cuenta de que el corcho flota, mientras que el hierro se va al fondo, además, si soplas con una pajita verás subir burbujas de aire.

La regla es sencilla: todo lo que es más ligero que el agua sale a la superficie, mientras que lo que es más pesado (a igual volumen) se va al fondo. Es el llamado **principio de Arquímedes.** El aire se comporta exactamente como el agua, solo que no es fácil encontrar cosas «más ligeras» que el aire. Sin embargo existe un gas, el helio, tan ligero que se usa para inflar los globos.

ANTIGUAS LINTERNAS

Los primeros globos voladores se inventaron en China ya en la época en la que Europa estaba bajo el Imperio romano: son los antepasados de las linternas que vuelan todavía hoy en día. ¡Hablaremos de ello más adelante!

EL GLOBO AEROSTÁTICO PASO A PASO

Pero también el propio aire puede hacerse más «ligero», por ejemplo calentándolo: cuanto más caliente está, es menos denso, menos pesado (a igual volumen)... y así tiende a ir hacia arriba.

LOS HERMANOS MONTGOLFIER

Por primera vez en la historia, en 1783, los hermanos Joseph-Michel y Jacques-Étienne Montgolfier consiguieron elevar a algunas personas dentro de globos voladores. En su honor, a estos globos se los llamó *montgolfière*.

1er paso: el aire caliente sube

1 Empezamos con un fácil experimento. Necesitarás una bolsita de té (también servirá de manzanilla o de cualquier infusión preparada en bolsitas), un par de tijeras y un encendedor o cerillas.

2 Examina la bolsita: no debe estar pegada por la parte de abajo en el centro, sino sencillamente plegada sobre sí misma.

3 Con un par de tijeras corta la bolsita justo por debajo de la etiqueta. Ábrela y vacíala.

EL GLOBO AEROSTÁTICO PASO A PASO

4 Ahora la bolsita vacía debería formar una especie de ligero cilindro de papel. Ponlo de pie sobre un plato o una bandeja de metal (o sobre cualquier cosa que no se estropee con el fuego).

5 Pídele a un adulto que encienda la parte superior del cilindro y mira cómo, en cierto momento, se eleva. El aire caliente sube y se lleva consigo la bolsita mientras se quema.

EL AIRE CALIENTE, AL SER MÁS LIGERO, SE ELEVA Y HACE VOLAR EL CILINDRO DE PAPEL.

QUE TE AYUDE UN ADULTO SIEMPRE QUE MANEJES FUEGO!

2º paso: el globo

> LAS BOLSAS DE PLÁSTICO NO SON UN JUGUETE. NO SE PONEN EN LA CABEZA Y NO HAY QUE DEJARLAS POR AHÍ SI TIENES UN HERMANITO PEQUEÑO

Una de las cosas más importantes es encontrar un buen material para construir el globo volador. En Oriente se usa el papel de seda para crear unas espléndidas linternas de papel: es un poco laborioso, y si el papel se prende durante el experimento, te arriesgas a tener que hacerlo todo desde el principio. Aquí utilizaremos una bolsa de plástico.

1 Nuestra bolsa de plástico ideal debería ser muy ligera y bastante grande. Las bolsas para fruta y verdura que se encuentran en los supermercados son bastante ligeras pero en general son un poco pequeñas. Las bolsas de basura son grandes pero demasiado fuertes y pesadas. Hazte con algunas bolsas de diferentes tamaños y de plástico ligero (puedes encontrarlas en la tintorería).

2 La NASA, la agencia aeroespacial estadounidense, aconseja en sus actividades educativas el uso de las bolsas de tintorería: puedes intentar pedir un par de ellas, de las que se usan para las chaquetas o las camisas. Las que venden en los supermercados para guardar la ropa son demasiado fuertes.

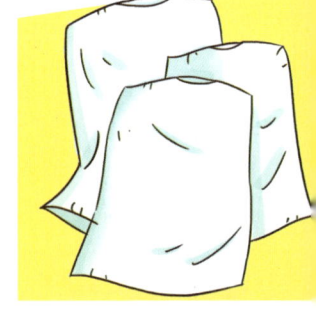

EL GLOBO AEROSTÁTICO PASO A PASO 13

3 Toma tu bolsa y asegúrate de que no tenga agujeros: si encuentras alguno, séllalo con un poco de celo. Si hay algún adulto que te pueda echar una mano, le puedes pedir que cierre los agujeros con una plancha de la ropa.

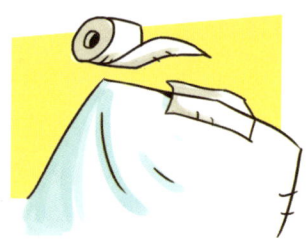

4 Si la bolsa tiene asas, córtalas. No te servirán para nada y solo harán más pesado el globo.

5 Con la ayuda de un amigo realiza la inspección de la bolsa: colócala con la abertura hacia abajo y utiliza un secador de pelo para echar aire caliente a una distancia de 20 cm. Si después de un minuto te parece que no va a elevarse, probablemente sea demasiado pesada. ¡Prueba con otra bolsa!

6 Como fuente de calor alternativa también puedes utilizar un tostador de pan. Envuelve el tostador con un cilindro de cartón que sea bastante alto. Pon la bolsa en torno al cilindro, enciende el electrodoméstico y espera a que la bolsa se eleve.

3er paso: la estructura

1 Ahora construye la estructura que sostendrá el hornillo. Apoya la bolsa sobre un plano y extiéndela: mide la longitud de la apertura de la bolsa. Pongamos que sean 54 cm.

2 Tienes que construir una estructura en cruz lo más ligera posible: puedes hacerla con las pajitas. Multiplica por 2/3 la medida que acabas de encontrar: esta es la longitud de cada brazo de la estructura (54:3=18 cm, 18x2= 36 cm).

EL GLOBO AEROSTÁTICO PASO A PASO

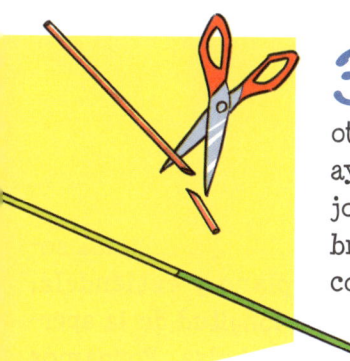

3 Encaja bien las pajitas una dentro de la otra hasta llegar a la longitud necesaria: para ayudarte puedes recortar una pajita para mejorar el ensamblaje dentro de la otra. Si el brazo es demasiado largo, corta lo que sobra con unas tijeras.

4 Corta un rectángulo de papel de aluminio de 5 x 10 cm, luego dóblalo para obtener un cuadrado.

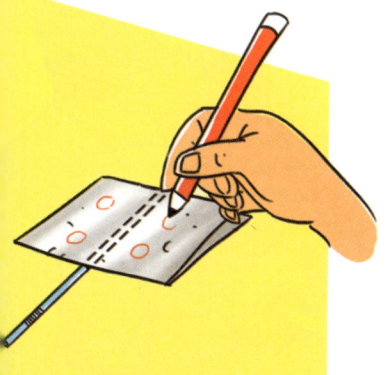

5 Con el rotulador marca cuatro pequeños círculos en las posiciones en que colocarás las velitas. Deja espacio para que puedas pasar una pajita entre las marcas.

4º paso: el hornillo

1 Ahora prepara el hornillo, es decir, la estructura que calentará el aire de tu globo. Toma cuatro velitas y córtalas por la mitad para que sean más ligeras. Usarás la mitad superior, la que tiene la mecha.

2 Fija las velitas al trozo de papel d[e] aluminio, sobre las marcas que has hech[o] con el rotulador. Puedes usar la cola [o] una gota de cera fundida (¡para esta últ[i]ma operación pide ayuda a un adulto!).

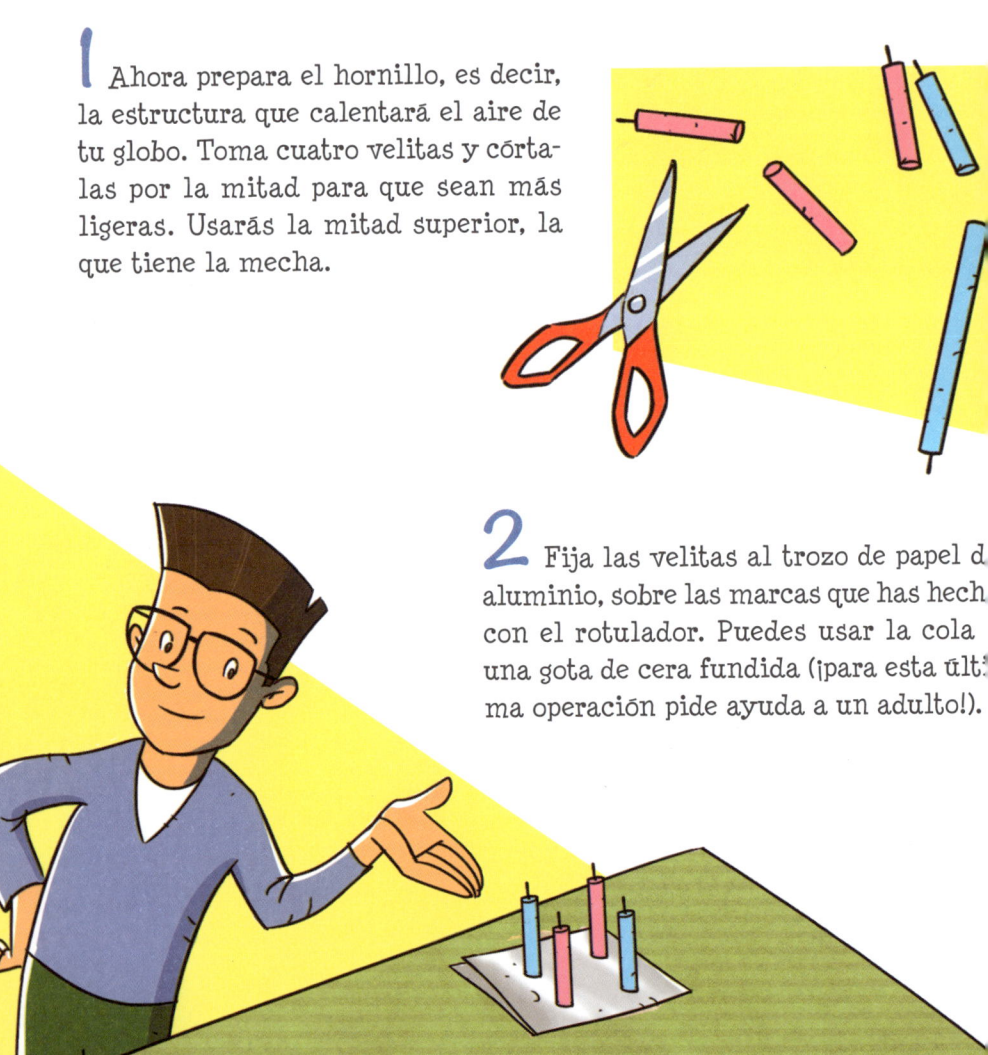

EL GLOBO AEROSTÁTICO PASO A PASO

3 Con un poco de cinta adhesiva fija debajo del trozo de papel de aluminio los brazos que hiciste antes con las pajitas. Pégalos de uno en uno, evitando que las pajitas queden justo debajo de las velas (ya que se podrían derretir).

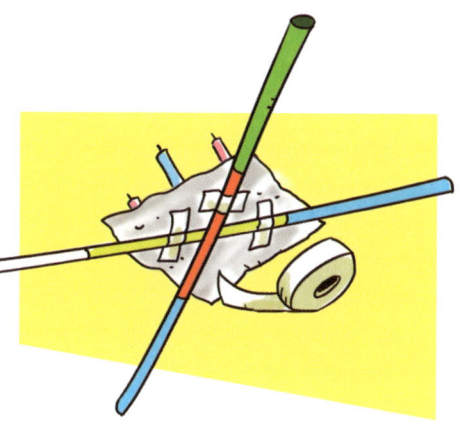

4 Con la cinta adhesiva engancha la estructura a la parte inferior de la bolsa (puedes doblar el borde de la bolsa sobre la pajita para que tenga mayor estabilidad).

5º paso: el lanzamiento

1 Solo queda probarlo. En esta fase es esencial que te acompañe un adulto. Pregúntale desde dónde es mejor hacer el lanzamiento: una habitación grande con el techo alto, un patio interior o bien un lugar al aire libre en el que no haya cerca hierba seca ni cosas que se puedan prender fácilmente.

2 Sostén la bolsa por el lado cerrado.

3 Pídele a un adulto que encienda las velitas, con cuidado de que el plástico no toque la llama.

EL GLOBO AEROSTÁTICO PASO A PASO

4 Poco a poco tu globo se llenará de aire caliente. Cuando sientas que empieza a elevarse déjalo ir.

NO VUELES EL GLOBO CON LAS VELAS ENCENDIDAS EN CASA NI EN NINGÚN LUGAR DONDE LAS LLAMAS PUEDAN PRENDER NADA

LAS LINTERNAS DE PAPEL

En algunas tiendas puedes encontrar linternas voladoras, generalmente de fabricación china (en China es donde nació esta tradición y donde está más arraigada). Con respecto a tu globo, las linternas voladoras tienen una llama más potente y al ser de papel son más inflamables. Te recordamos que es muy importante realizar el lanzamiento en compañía de un adulto y, en particular, evitar todo riesgo de incendio: si ves que algo no funciona, si estás haciendo volar tanto el globo como la linterna, apaga la llama con agua. Sí, te arriesgas a estropear la linterna, pero la puedes volver a hacer; ¡si las llamas se propagan pueden provocar daños mucho peores!

Cómo mejorar tu globo

¿El globo no se eleva? Si se infla pero no consigue subir, probablemente sea muy pesado. ¿Qué hacer entonces para mejorarlo? Antes que nada hay que especificar lo que se puede aligerar.

1 Corta otra vez las velas. En principio te puede bastar con un pequeño cabo.

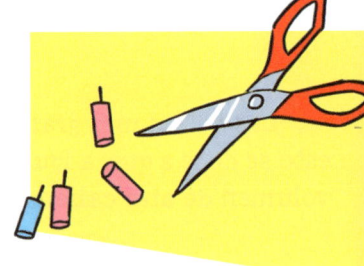

2 Si las velas tienden a apagarse prueba con las velas «mágicas»: son velitas de cumpleaños que se vuelven a encender una y otra vez aunque las soples.

NO AUMENTES LA LLAMA SUSTITUYENDO LAS VELAS CON OTROS COMBUSTIBLES: NO APORTARÁN MUCHO MÁS CALOR Y SERÁN MÁS PELIGROSOS. ¡CON EL FUEGO NO SE JUEGA!

4 Si el soporte que sostiene las velas tiende a doblarse y no se sostienen de pie, añade un pliego más al papel de aluminio.

EL GLOBO AEROSTÁTICO PASO A PASO

5 También puedes aligerar el soporte de las pajitas cortando trozos de plástico.

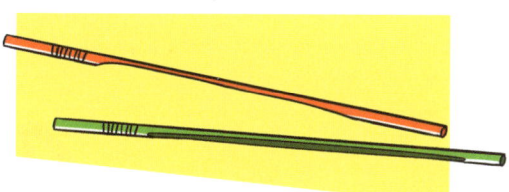

6 Las bolsas más grandes funcionan mejor: esto se debe a que, a igualdad de superficie, el volumen de aire caliente es mayor.

EN CASO DE FUEGO
Las bolsas de plástico tienen la ventaja, con respecto a las linternas de papel, de que no se prenden. Si alguna cosa no fuera bien, no te preocupes: espera a que las velas se apaguen y usa una bolsa nueva si la vieja se ha estropeado.

¿Cómo están hechos los globos aerostáticos?

El principio de funcionamiento de un globo aerostático es el mismo que has encontrado en las páginas precedentes.
Estos globos, sin embargo, tienen que levantar un peso mayor: por eso son mucho más grandes y necesitan hornillos más eficientes que el nuestro.

EL HORNILLO
Los globos aerostáticos se inflan con el **humo de combustión** de grandes bombonas: es parecido a tener los fuegos de la cocina directamente bajo el globo.

EL GLOBO AEROSTÁTICO PASO A PASO — 23

EL GLOBO

Los globos aerostáticos están realizados con **tela ignífuga**, es decir, tratada de manera que no se pueda prender. Cuando no se utiliza, el globo se pliega sobre sí mismo, de modo que pueda transportarse cómodamente.

LA CESTA

Cada globo está unido a una gran **cesta** que puede alojar a los pasajeros. Tradicionalmente estas cestas se elaboran con mimbre trenzado, una solución robusta y ligera.

CONOCER EL VUELO

CONOCER EL VUELO

El vuelo animal

Por todas partes, en nuestro planeta, hay animales que vuelan, zumban o planean: libélulas y abejas, murciélagos y lémures, ardillas y peces voladores. Pero también el ser humano, gracias a la tecnología y, naturalmente, los pájaros, los únicos animales dotados de plumas. Hay muchos modos de volar, tantos como ambientes a los cuales los animales se han adaptado: está el que permanece casi quieto en el aire, como el colibrí, y el que planea cubriendo largas distancias; está el que se limita a dar grandes saltos planeando y el que aprovecha bien el viento y las corrientes ascendentes.

EL PRIMER SECRETO DEL VUELO DE LOS PÁJAROS: LAS PLUMAS

Estas plumas son fundamentales para el vuelo: son las llamadas **remeras,** y son bastante densas para apoyarse bien sobre el aire y sostener al pájaro mientras está volando.

LAS PLUMAS TIMONERAS

En las golondrinas está especialmente desarrollada la cola, en la que son muy evidentes las plumas timoneras. En todos los pájaros la cola sirve para regular la velocidad, la dirección del vuelo y los frenazos.

BATIR DE ALAS

El colibrí es un pájaro muy pequeño, especializado en volar prácticamente en el sitio, cambiando de dirección también de repente: mueve muy rápidamente las cortas alas, batiéndolas en el aire.

CONOCER EL VUELO

El ornitóptero

Los hombres han soñado durante siglos con poder volar: el intento más famoso de construir una máquina voladora se debe a **Leonardo da Vinci** (1452-1519) quien, estudiando atentamente la forma de las alas en los pájaros, diseñó hacia finales del siglo xv el ornitóptero, una máquina voladora que debía funcionar solo con la fuerza del piloto. Leonardo había entendido que los hombres son demasiado pesados y débiles para volar como los pájaros, y abordó el problema con un sistema de engranajes. Pero su experimento no tuvo buen resultado.

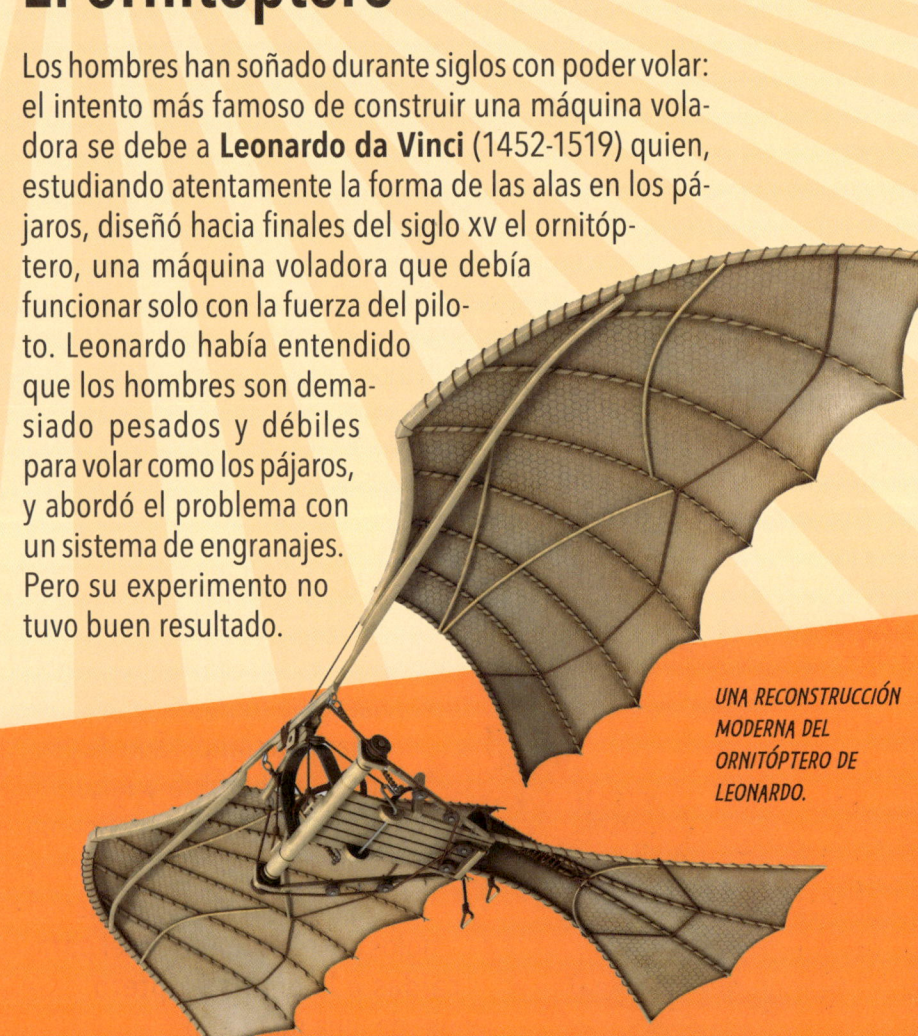

UNA RECONSTRUCCIÓN MODERNA DEL ORNITÓPTERO DE LEONARDO.

Desde la torre de esta abadía, en Malmesbury, Inglaterra, se llevó a cabo el primer intento conocido de vuelo humano con alas: lo hizo, en torno al año 1000, el monje benedictino **Oliver,** usando la mecánica del vuelo (y rompiéndose las piernas). Un intento similar fue realizado posiblemente por el poeta árabe **Abbás Ibn Firnás** doscientos años antes, cerca de Córdoba, en España.

UN ÉXITO POSTERGADO

Los primeros ornitópteros capaces de volar se realizaron en Francia, en torno a 1870 y presentaban un largo elástico enrollado (aquí, el modelo de Alphonse Pénaud).

UN GENIO CON MUCHAS INTUICIONES

Aunque el ornitóptero de Leonardo no funcionaba (era demasiado complicado de usar para un hombre y requería una fuerza excesiva), al genio renacentista se le deben muchas intuiciones que se desarrollarían siglos después, como la del **paracaídas** o la del **helicóptero** (a la izquierda, una maqueta).

CONOCER EL VUELO

El globo aerostático

El primer vehículo aéreo de la historia de la humanidad fue un **globo volador** (también llamado aerostático). Quienes lo diseñaron y lo hicieron volar fueron dos nobles franceses, los hermanos Joseph-Michel y Jacques-Étienne Montgolfier.

Joseph descubrió el vuelo por corriente térmica simplemente al observar el comportamiento de la tela al sol, y escribió a su hermano diciéndole: «¡Rápido, procúrate un buen trozo de tafetán y de cuerda, y te enseñaré uno de los fenómenos más asombrosos del mundo!».

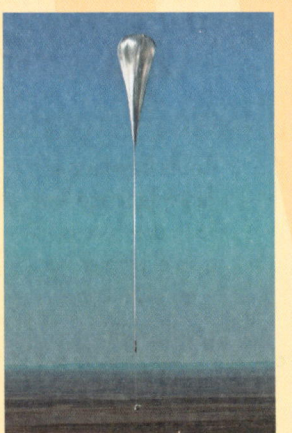

UN MEDIO TODAVÍA ACTUAL

La última gran hazaña realizada con un globo aerostático es del 14 de octubre de 2012: dentro de una cápsula suspendida de un globo lleno de helio, el paracaidista austriaco **Felix Baumgartner** ascendió a una altura de 39 045 metros, saliendo de la atmósfera terrestre, para después lanzarse al vacío en paracaídas, llegando a alcanzar una velocidad máxima de 1 342,8 kilómetros por hora.

EL PRIMER GLOBO

El primer globo aerostático despegó el 19 de septiembre de 1783 en los jardines de Versalles frente al rey y la reina de Francia y ante numeroso público (a la derecha, en un dibujo de la época). El vuelo duró ocho minutos y alcanzó una altura de 518 metros, transportando tres pasajeros: un gallo, una oveja y un pato. El primer vuelo humano se logró apenas dos meses más tarde.

¡NO ESTÁ MAL PARA UN GLOBO INFLADO!

EL PRIMER VUELO CIENTÍFICO

Joseph-Louis Gay-Lussac (1778-1850) y Jean-Baptiste Biot (1774-1862), dos físicos franceses, efectuaron el primer vuelo en globo en 1804. Con dicho vuelo fueron capaces de medir cuidadosamente la densidad, la humedad, la temperatura y el campo magnético a considerable altura.

CONOCER EL VUELO

El dirigible

El globo aerostático se reveló más como una curiosidad que como un auténtico medio de transporte. A partir de 1850, los globos empezaron a ser sustituidos por una nueva tecnología: el dirigible.

El dirigible es también una especie de globo grande, pero no se eleva con aire caliente sino por medio del gas que lo llena, hidrógeno o helio, ambos más ligeros que el aire. Los dirigibles se revelaron como medios interesantes para el transporte aéreo, y bajo el gran globo llevaban una **góndola,** es decir, el lugar para los pasajeros y los motores.

LOS ZEPELINES

La historia de los dirigibles no habría sido la misma sin la figura del conde alemán **Ferdinand von Zeppelin,** al que debemos la invención del **dirigible de armazón rígida,** que no es necesario «inflar».

El vehículo se creó en 1900 y se difundió por todo el mundo, ofreciendo los primeros vuelos transatlánticos para pasajeros: el Graf Zeppelin, en 1929, conectaba Europa y los Estados Unidos mediante un viaje de cinco días a una velocidad media de cien kilómetros por hora.

LAS MISIONES DE UMBERTO NOBILE Y ROALD AMUNDSEN

A los dirigibles está ligada una de las últimas grandes empresas de los exploradores: la conquista del Polo Norte.

El italiano **Umberto Nobile** llegó allí por primera vez el 12 de mayo de 1926, a bordo del dirigible **Norge** que él mismo había diseñado, junto con el explorador noruego **Roald Amundsen.** Nobile sobrevoló de nuevo el Océano Ártico en 1928, con el dirigible Italia, llegando a tocar otra vez el Polo Norte, aunque se estrelló en los hielos de Noruega a causa de una violenta tormenta.

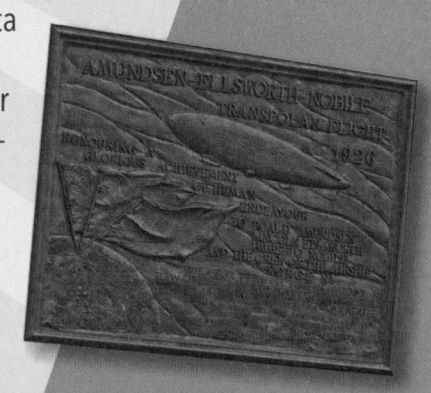

LA PLACA QUE HONRA LA HAZAÑA DE NOBILE.

CONOCER EL **VUELO**

La suspensión aerodinámica

Hay vehículos que se mantienen en el aire sin motores, sin músculos y sin ningún otro empuje más que el inicial: los aeroplanos ligeros sin motor, las alas delta, los parapentes, y también las cometas y los aviones de papel. El fenómeno común a todos ellos es la suspensión aerodinámica, es decir, la fuerza que empuja hacia arriba el vehículo en el momento en que cruza el aire y que se genera principalmente por la forma del ala.

PLANEADORES
Estos vehículos toman velocidad y despegan gracias a la ayuda de otro avión. Una vez en vuelo pueden pilotarse y, en las condiciones oportunas, son capaces de seguir volando mucho tiempo ya que aprovechan las corrientes de aire.

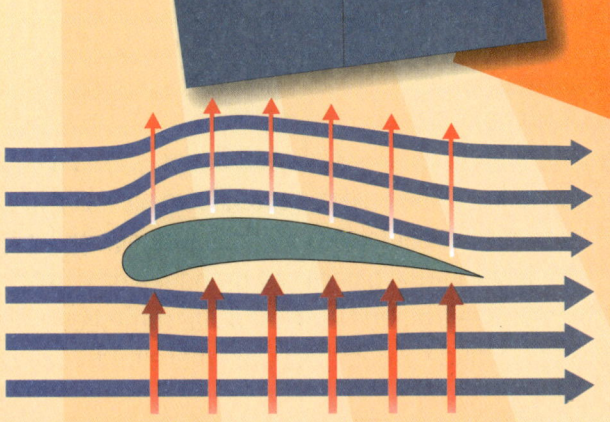

EL ALA EN MOVIMIENTO MUEVE EL AIRE, CREANDO ASÍ UN DESPLAZAMIENTO HACIA ARRIBA LLAMADO SUSPENSIÓN AERODINÁMICA.

COMETAS

El origen de las cometas es muy antiguo, al parecer se inventaron en China hace 2 800 años para después difundirse hace por toda Asia y el Pacífico. Se han utilizado, además de como juego, como objeto religioso y como arma de guerra. La cometa aprovecha la suspensión aerodinámica que produce el viento y por ello, para que siga volando, es fundamental que la orientemos correctamente respecto a él: se maneja con la cuerda que la une a la tierra.

ALAS DELTA

El ala delta es un especie de cometa capaz de sostener a una persona: se hicieron en el pasado muchos experimentos de este tipo, pero el éxito llegó gracias a un ingeniero aeronáutico estadounidense, **Francis Melvin Rogallo,** quien, en 1951, ideó un **ala voladora** que aún lleva su nombre. El ala de Rogallo se aplicó enseguida en el mundo deportivo, dando vida al ala delta, un vehículo volador pilotado solo por los movimientos del cuerpo de quien lo conduce.

PARAPENTE

El parapente es una evolución de los paracaídas regulables que empieza a extenderse en 1965. El piloto del parapente es capaz de regular el tamaño y la orientación del paracaídas, usándolo como una especie de ala grande y buscando las corrientes de aire para dirigir el descenso y retomar altura.

CONOCER EL VUELO

El aeroplano

Durante el siglo XIX, al tiempo que se desarrollaban los globos aerostáticos, algunos entusiastas intentaron fabricar una máquina autónoma, que pudiera volar sin necesidad de impulsos externos (a diferencia de los aeroplanos ligeros sin motor, que se habían inventado en esa época). Los primeros experimentos con buenos resultados datan de comienzos del siglo XX: lo que en principio era tan solo un desafío por sí mismo, encontró luego muchas aplicaciones, desde los aviones de guerra al servicio postal o a los grandes aviones de transporte.

EL FLYER DE LOS HERMANOS WRIGHT

El primer vuelo fue el de los estadounidenses **Orville y Wilbur Wright,** dos hermanos con gran experiencia en mecánica y en la reparación de motores y bicicletas. En 1903 los hermanos Wright consiguieron hacer volar su **Flyer** (a la izquierda un modelo en el Wright Memorial), una especie de aeroplano ligero con motor que alcanzó cuarenta metros de altura y doce segundos de vuelo. En 1906 tuvo lugar el primer vuelo europeo, en una máquina pilotada por **Alberto Santos-Dumont,** el primer aparato que despegó sin necesidad de ningún empuje externo inicial.

EL AVIÓN A REACCIÓN

Al principio, todos los aviones eran de hélice: el empuje al avión derivaba de una gran hélice que impulsaba hacia delante el vehículo. Durante la Segunda Guerra Mundial aparecieron también los primeros motores a reacción, cuyo impulso se debía a la salida de los gases de combustión de los humos de las turbinas. ¿Sabes cómo es el vuelo de un globo cuando se rompe o se abre de repente? También ese globo vuela «a reacción», empujado por la fuerza del aire.

PILOTAR UN AVIÓN

La cabina de un avión moderno está llena de mandos y pilotos de luz para controlar las numerosas funciones del aparato y las distintas fases del vuelo. Sin embargo, el control de la navegación en general depende de un mando pequeño e intuitivo, una **palanca de mando** que funciona como una especie de volante: el control de navegación de un avión fue uno de los aspectos más innovadores de todo lo que nos aportaron los hermanos Wright.

CONOCER EL VUELO

El paracaídas

Más que un medio para volar, el paracaídas es un instrumento para efectuar caídas controladas: es una gran tela muy ligera y resistente, unida como una mochila a la espalda de quien se lanza; cuando desciende, el aire infla el paracaídas frenando la caída. Es una medida esencial de seguridad en algunos tipos de aviones.

EL PARACAÍDAS MODERNO

El gran desarrollo de los paracaídas en cuanto a formas, materiales y tecnología tuvo lugar en el siglo XX, con el uso creciente de los aviones. Poco después de la Primera Guerra Mundial, se salvaron las primeras vidas gracias al uso del paracaídas.

EL NACIMIENTO DEL PARACAÍDAS

La historia del paracaídas va unida a la del vuelo: tiene antepasados asiáticos, creados principalmente para realizar saltos espectaculares, a los que siguieron los estudios del Renacimiento, como los de Leonardo (que no llegó a poner en práctica). Las pruebas más importantes tuvieron lugar en Francia, gracias a los experimentos de Jacques Garnerin, a partir de 1797. La historia del paracaídas se cruza con la del globo y se prueba como medida de seguridad ya en 1785.

EL PARACAÍDAS DENTRO DEL GLOBO

Los globos modernos utilizan una especie de paracaídas para regular la salida del aire caliente: se abre en las alturas, encima de la boca del fuego, de modo que cierra perfectamente el globo, pero se puede retirar o mover para dejar salir el aire caliente y, por tanto, poder regular la ascensión del globo.

LA AYUDA HUMANITARIA

Los paracaídas también se utilizan con fines humanitarios, por ejemplo, para abastecer zonas del mundo a las que, de otro modo, difícilmente se podría acceder.

EL PARACAIDISMO DEPORTIVO

El paracaidismo también es un deporte, con sus récords y sus entrenamientos. Además existe el **paracaidismo acrobático** y **sincronizado,** en el que los paracaidistas, al caer, forman figuras en el aire con sus cuerpos.

CONOCER EL VUELO

El helicóptero

UN HELICÓPTERO ES M[ÁS] VERSÁTIL QUE UN AVIÓN Y PUEDE ELEVAR VERTICALMEN[TE,] PERMANECER QUIETO EN PLE[NO] VUELO, MOVERSE HACIA ATR[ÁS,] HACIA DELANTE O DE LAD[O.]

El vehículo aéreo más utilizado, después del avión, es el helicóptero. El término viene de la unión de las palabras *hélice* y *ala* (*pterón,* en griego), porque lo que mantiene en el aire al helicóptero es el remolino que provoca la gran hélice de palas que está encima de la cabina, el **rotor.** En el helicóptero pueden existir también otras **hélices horizontales,** pero son esenciales las **verticales** (a menudo en la cola) que estabilizan el vuelo, garantizando que el aparato no gire alocadamente sobre sí mismo.

LA HÉLICE

Este pequeño juguete de madera está construido según los principios de un objeto volador que los chinos conocen por lo menos desde hace 1 600 años: es el primer testimonio del uso de un tornillo con hélice capaz de elevarse del suelo. Estos juguetes llegaron a Europa en el Renacimiento y ya Leonardo había pensado en un modelo de «tornillo aéreo» capaz de elevarse de la tierra. Al tiempo que se desarrollaba el globo aerostático, en Europa proliferaron también los experimentos y las patentes ligadas al helicóptero. El primer vuelo en este aparato está atribuido a Paul Cornu (1907).

AUXILIO ALPINO

La gran versatilidad de vuelo del helicóptero lo convierte en un instrumento esencial para prestar ayuda allí donde no se puede llegar de otro modo. Es el caso del auxilio alpino, garantizado para cualquier persona que se haya accidentado en la alta montaña.

HELICÓPTERO AMBULANCIA

Un helicóptero ambulancia es el equivalente aéreo de la ambulancia. A diferencia del avión, el helicóptero no requiere de grandes espacios para aterrizar o despegar, y un helicóptero ambulancia puede llegar prácticamente a cualquier sitio. Los puntos de aterrizaje para los helicópteros, por lo general, se señalan en el suelo mediante grandes círculos con una H en el centro.

DRONES

El principio del helicóptero se aplica también a pequeños aparatos dirigidos por control remoto o automáticamente: son los drones, usados principalmente para sacar fotos o hacer grabaciones aéreas controladas. En el futuro se usarán para muchos fines.

CONOCER EL VUELO

Los aeropuertos

La gestión del tráfico aéreo es algo complejo y que requiere del trabajo de muchas personas a la vez. El corazón de todo ello es el aeropuerto, esto es, la estructura donde los aviones aterrizan y despegan, los pasajeros embarcan y donde se lleva a cabo el mantenimiento necesario de estos vehículos. El aeropuerto más antiguo que aún tiene actividad se encuentra en **Pearson Field** (Vancouver, Estados Unidos) y se construyó en 1905 como atraque para los dirigibles. El primer aeropuerto auténtico es el de College Park, situado en **College Park en Maryland,** construido en 1909 y todavía hoy en funcionamiento.

LA TORRE DE CONTROL

La torre de control gestiona y controla el tráfico aéreo, indicando a cada vehículo la pista y el orden de aterrizaje. También controla el tráfico en los cielos ¡y las órdenes que dan a los pilotos son indiscutibles!

LA PISTA

Los aeropuertos necesitan largas pistas donde los aviones toman carrerilla para **despegar** y **aterrizar**.

BASES AEROESPACIALES

Las bases para el lanzamiento de **misiles** y **astronaves** son un mundo aparte, solo se activan para vuelos de prueba y para misiones de lanzamiento.

EL HIDROAVIÓN

Un tipo de avión que no necesita pista de despegue ni de aterrizaje es el hidroavión, que para despegar y aterrizar utiliza **pistas naturales:** ¡lagos, ríos y mares!

PORTAVIONES

Una clase de aeropuerto móvil es el portaviones, una gigantesca nave cuyo puente funciona también como pista de aterrizaje y despegue.

CONOCER EL VUELO

El mito de volar

De las brujas a los superhéroes, de los dioses a los extraterrestres, muchas criaturas fantásticas, desde siempre, pueblan nuestros cielos. Volar parece ser una cualidad mágica todavía hoy.

ÍCARO

Según un mito griego, el gran arquitecto griego **Dédalo** fue encerrado en el laberinto que él mismo había construido en Creta, junto a su hijo **Ícaro.** Dédalo sabía que de su laberinto era imposible salir sin ayuda, así que intentó hacerlo volando. Para ello, construyó para él y para su hijo unas grandes alas unidas con cera, y se elevaron los dos hacia la libertad. Con la emoción del vuelo, sin embargo, Ícaro se acercó demasiado al sol y el calor derritió la cera, haciéndolo caer al mar. En la imagen de la derecha, un bronce griego en Agrigento que representa a Ícaro.

GARUDA
Garuda, el **dios-águila,** es una divinidad hindú, presente también en los mitos budistas. Es el símbolo nacional de Tailandia e Indonesia, incluso la compañía aérea indonesa se llama Garuda Indonesia.

ALFOMBRA VOLADORA
En las leyendas y los cuentos árabes y persas aparece a menudo un vehículo muy especial: ¡la alfombra voladora!

ESCOBA VOLADORA
Existen criaturas y extraños vehículos voladores: entre ellos, el preferido de las brujas (y de los magos de la saga de Harry Potter) ¡es la escoba!

ISIS
Isis es la diosa egipcia de la maternidad, de la fertilidad y de la magia, y está asociada al halcón. Por lo general se la representa como una **mujer alada** y de esta manera personifica también el soplo del viento.

CONOCER EL VUELO

Las linternas chinas

La paternidad de los primeros y pequeños globos voladores es china. Todavía hoy las linternas voladoras son muy importantes en ese país, así como las linternas colgadas en el exterior de las casas y de los restaurantes.

TANGYUAN

La comida típica del festival de las linternas es el tangyuan, un tipo de albóndiga de arroz llena de pasta dulce a base de alubias rojas, sésamo o mantequilla de cacahuetes. Los chinos piensan que da buena suerte a toda la familia.

EL FESTIVAL DE LAS LINTERNAS

Con ocasión del último día de las fiestas de año nuevo, que en China se basa en el calendario lunar, se celebra el Festival de las linternas. Además de lanzar al vuelo las linternas de papel, como pequeños globos, los niños llevan sus lámparas a los templos y participan en la solución de pequeños enigmas escritos en ellas.

TAILANDIA

Las linternas son protagonistas de los días de fiesta también en otros países asiáticos. Así es en el **Lanna Yi Peng** tailandés, donde se lanzan linternas al cielo nocturno.

BRASIL

También las **Fiestas juninas brasileñas,** que se celebran a finales de junio, tienen a las linternas como protagonista: aparte de los fuegos artificiales, los brasileños liberan los **balão,** tradicionales linternas de papel que llegaron con la colonización portuguesa.

PARA SEGUIR DESCUBRIENDO...

✔ Juegos

Balloon cup (de Stephen Glenn, Kosmos). Un juego de mesa para dos, que representa una competición de globos.

✔ Web

http://www.ebf.cat/es/
Página dedicada al European Balloon Festival, la concentración internacional de globos aerostáticos más importante de nuestro país y del sur de Europa.

✔ Museos y exposiciones

Museo del Aire o Museo de Aeronáutica y Astronáutica de España, en Madrid: http://www.museodelaire.com/

✔ Libros

Julio Verne, **Cinco semanas en globo,** 1863.
El globo fue el protagonista del primero de los «viajes extraordinarios» de Julio Verne.

✔ Películas

Up, Pixar (2009), una estupenda película de animación que sigue el vuelo de una casa sostenida por globos.

¿HA SIDO DIVERTIDO CONSTRUIR EL GLOBO? ¡AHORA TE TOCA A TI! AQUÍ TIENES ALGUNAS IDEAS PARA NUEVOS DESCUBRIMIENTOS.